UNE

ANECDOTE GÉNÉALOGIQUE

AVEC

NOTULES HÉRALDIQUES

PAR

LE SIEUR TREYSOUVILLE
FEUDISTE

ANGERS
GERMAIN ET G. GRASSIN, IMPRIMEURS-LIBRAIRES
40, rue du Cornet et rue Saint-Laud

1893

UNE

ANECDOTE GÉNÉALOGIQUE

AVEC

NOTULES HÉRALDIQUES

PAR

LE SIEUR TREYSOUVILLE

FEUDISTE

ANGERS

GERMAIN ET G. GRASSIN, IMPRIMEURS-LIBRAIRES

40, rue du Cornet et rue Saint-Laud

—

1893

A Madame la Vicomtesse de T...

Il m'est très agréable, ma chère cousine, de pouvoir vous envoyer, suivant votre désir, le croquis des armoiries *Villebois, Mareuil, Ménage, La Potherie, Des Gléraux*, que vous m'avez demandé ; et à cette occasion laissez-moi vous féliciter de l'intérêt que je vous vois prendre à ces recherches généalogiques. Plus vous avancerez dans cette étude et plus vous y trouverez d'attrait. On voudrait connaître, on en arrive à aimer tous ces êtres disparus qui nous ont légué en définitive un peu de ce sang qui coule dans nos veines ; on voudrait savoir quand et comme ils ont vécu dans ce coin de pays où nous vivons nous-mêmes et d'où nous disparaîtrons bientôt comme eux. Du moins tâchons, ainsi que vous le dites, de laisser à nos enfants tout ce que nous pourrons sauver de l'oubli des souvenirs de leur race, avant que la mémoire n'en disparaisse, enlisée sous les flots boueux d'une démocratie qui menace de tout engloutir.

Bussy-Rabutin écrivait un jour, à sa cousine Marie de Rabutin-Chantal, marquise de Sévigné : *Un de mes amusements, c'est de recueillir tout ce que je puis trouver de nos pères, et d'en faire une petite histoire généalogique qui ne vous déplaira peut-être pas.* (12 déc. 1670).

Vous avez, ma très gracieuse cousine, infiniment plus de points de ressemblance avec l'incomparable épistolière que je n'ai, moi, de rapport avec le brillant Bussy; c'est son exemple néanmoins qui m'encourage à vous conter par le menu une anecdote généalogique à laquelle je souhaite la chance heureuse de vous distraire un moment, mais que je destine surtout à votre mère, puisqu'il s'agit du nom qu'elle a porté depuis sa venue au monde jusqu'au jour où votre père lui a donné le sien.

Ma grand'mère de Villebois (Pauline de La Potherie), votre bisaïeule maternelle, ma cousine, racontait avoir entendu dire à son mari et à son beau-père qu'une Villebois avait été la nièce du « bon Roi René » d'Anjou et l'arrière grand'mère de Mademoiselle d'Orléans, la « Grande Mademoiselle ».

Cette assertion, que ma mère m'avait répétée bien des fois en me demandant de faire des recherches, m'avait laissé, je le confesse, un peu sceptique. Il y a quelques années, relisant les lettres de Madame de Sévigné dans l'admirable édition que venait de publier M. Monmerqué, j'arrivai à cette lettre si spirituelle, si amusante, où elle annonce à Madame de Grignan le mariage (projeté) du duc de Lauzun : *Je m'en vais vous mander, ma fille, la chose la plus étonnante, la plus surprenante, la plus merveilleuse, la plus miraculeuse, la plus triomphante, la plus étourdissante, la plus inouïe, etc.* (15 déc. 1670). Cela me remit soudain en mémoire le dire de ma grand'mère. Me trouvant alors à Paris et avec quelques loisirs, j'entrepris des fouilles dans ces vénérables nécropoles qui s'appellent l'Art de vérifier les Dates, le Dictionnaire de Moréri, le P. Anselme, les frères de Sainte-Marthe, Le Laboureur, Paillot, d'Hozier, Vulson de la Colombière, André du Chesne, etc. ; j'en rapportai un peu de poussière, il est vrai, mais aussi quelques menues trouvailles auxquelles vous ferez semblant d'attribuer un petit intérêt de curiosité pour flatter la manie d'un fureteur de vieux livres.

Comme mot de la fin, je vous transcris ce vieux et naïf distique que j'ai vu quelque part et qui pourrait servir d'épigraphe à votre travail :

« *Mon doux Jésus qui merveilles opères,*
« *Rends-nous les dictz et vertus de nos pères.* »

CHARLES D'ANJOU, Ier du nom, comte du Maine, né en 1414, était fils de Louis II d'Anjou, roi de Sicile, comte du Maine, etc., et de Yolande d'Aragon, et frère de René d'Anjou, roi de Sicile et de Jérusalem, duc d'Anjou, de Lorraine et de Bar, comte de Provence, de Forcalquier, etc., resté si populaire en notre province sous le nom du « bon roi René ». Il eut cinq enfants, trois bâtards et deux issus en légitime mariage de sa seconde femme[1] Isabeau de Luxembourg, fille de Pierre de Luxembourg, comte de Saint-Pol et de Marguerite des Baux, savoir : Charles d'Anjou, roi de Sicile (après son oncle René), comte du Maine, etc., et Louise d'Anjou, mariée par contrat du 12 juin 1462 à Jacques d'Armagnac, duc de Nemours, décapité à Paris par arrêt du Parlement du 4 août 1477 pour crime de lèse-majesté.

Les enfants naturels étaient : 1° Louis d'Anjou, seigneur de Mézières, auquel nous reviendrons tout à l'heure ; 2° Jean, seigneur de Charroux, qui ne laissa pas de postérité de son mariage avec Françoise de Blanchefort (23 avril 1493), fille de Jean de Blanchefort, seigneur de Saint-Janvrain, maire de Bordeaux, et d'Andrée de

ANJOU :
D'azur semé de fleurs-de-lis d'or, à la bordure de gueules.

SICILE :
D'azur semé de fleurs-de-lis d'or, au lambel de gueules de trois pendants.

ARAGON :
D'or à quatre pals de gueules.

JÉRUSALEM :
D'argent à la croix potencée d'or, cantonnée de quatre croisettes du même.

LORRAINE :
D'or à la bande de gueules, chargée de trois alérions d'argent.

BAR :
D'azur semé de croix recroisettées au pied fiché d'or, à deux bars adossés du même.

★

[1] Il avait épousé en premières noces Cambella Ruffo, duchesse de Sessa, au royaume de Naples, qui mourut au bout de peu de temps.

PROVENCE : *D'azur à une fleur-de-lis d'or, au lambel de gueules de trois pendants.*

FORCALQUIER : *D'or au lion de gueules couronné de même.*

BAUX : *De gueules à une étoile à seize rais d'argent* [2].

RUFFO : *Coupé, émanché d'argent sur sable.*

ARMAGNAC : *D'argent au lion de gueules.*

BLANCHEFORT : *D'or à deux lions léopardés de gueules, l'un sur l'autre.*

NORROY : *D'argent à la fasce de gueules, au lion naissant de sable, mouvant de la fasce.*

BAZOGES : *D'azur au lion burelé d'argent et de gueules.*

Norroy. Elle se remaria le 24 septembre 1498 avec Jacques Girard Bazoges, seigneur de Pacy; 3° Marie, mariée à N..., seigneur d'Auricher.

LOUIS D'ANJOU, dit le « Bâtard du Maine » fut légitimé à Amboise au mois de mai 1468. Son père ayant, par acte du 17 décembre 1445, échangé avec Jean, comte d'Harcourt, la seigneurie de la Ferté-Bernard contre celle de Mézières-en-Brenne[1], lui en fit donation par Lettres expédiées à Poitiers le 10 mars 1465.

En 1476, il acquérait de Hardouin de Maillé,

[1] Chef-lieu de canton de l'arrondissement du Blanc (Indre).

[2] Cette figure est fort rare en blason; on n'en cite que deux exemples, s'appliquant l'un et l'autre à deux des plus anciennes maisons de la Provence, les Baux et les Blacas, lesquels ont des armoiries semblables, mais avec interversion des émaux, Blacas portant *d'argent à l'étoile à seize rais de gueules.* Quelques héraldistes appellent cette figure une Comète, mais les autres, comme Vulson de la Colombière (*La science héroïque*), Le P. Menestrier (*Origine des Armoiries*), etc., distinguent avec raison l'Etoile de la Comète, réservant ce nom pour les étoiles dont un des rayons s'allonge en forme d'appendice ou de queue, et c'est ainsi qu'elles sont figurées dans les blasons de quelques familles comme Lamberville (Normandie), *d'argent à trois comètes de gueules;* La Rosière d'Arbigny (Champagne), *de sable à trois comètes d'argent;* Créancey (Bourgogne), *d'azur à la fasce d'or accompagnée de trois comètes d'argent;* Arguel (Franche-Comté), *de gueules à la comète d'or.*

Paillot dit, il est vrai (à la page 183 de *La vraye et parfaicte science des armoiries*), que la maison des Baux portait : de gueules à une comète à seize rais d'argent, en mémoire du roi Mage Melchior, dont elle descendait, oubliant que l'Evangile ne parle que d'une étoile; mais quelques lignes plus loin on lit : « Les Grecs appellent « Comète ces estoilles qui ont une chevelure sanguine et « hérissée; elles viennent d'ordinaire du côté du septen- « trion et ne durent jamais moins de sept jours ny plus « de quatre-vingts. (Je ne sais si M. Flammarion est aussi « affirmatif.) Leur aspect est dangereux. *Nunquam visus* « *impune comœtæ.* Il y en a qui nomment aussi Comètes « les Estoilles à seize rais égaux; néanmoins quand l'on « veut représenter une vraye Comète il faut que l'un des « rayons soit plus grand que les autres et ondoyant pour « luy servir de chevelure, ce qui fait que nostre vulgaire « l'appelle Estoille à longue queue. »

seigneur de la Rochecorbon, la seigneurie de *Ferrières-en-Gastinois, pour deux mil escus d'or et un épervier, avec ses longes et chaperon de soie, de redevance annuelle payable à la feste de la mi-août.*

En 1481, le 10 décembre, son frère consanguin Charles d'Anjou, roi de Sicile, de Jérusalem et d'Aragon, duc d'Anjou, comte du Maine et de Provence, surpris à Marseille par la maladie, se voyant sans enfants de son mariage avec Jeanne de Lorraine, conseillé par son ministre et favori, Palamède de Forbin, seigneur de Soliers, lui dictait ce testament, un des actes les plus importants de notre histoire, qui allait enrichir la couronne de France de ses plus beaux fleurons, en faisant entrer pour toujours l'Anjou, le Maine et la Provence dans le domaine royal. Déshéritant ses propres neveux : Jean d'Armagnac, duc de Nemours, Louis d'Armagnac, comte de Guise, Catherine d'Armagnac, mariée à Jean II, duc de Bourbon, et Marguerite d'Armagnac, femme de Pierre de Rohan, dit le maréchal de Gié, Charles d'Anjou, instituait pour son héritier universel en tous ses royaumes, duchés, comtés et seigneuries, son cousin[1] le roi Louis XI, après lui le Dauphin, (le futur Charles VIII) et leurs successeurs, rois de France ; il désignait pour ses exécuteurs testamentaires son cousin François de Luxembourg, auquel il léguait la vicomté de Martigues, et son frère naturel Louis d'Anjou, auquel il donnait deux mille écus.

Ce Louis d'Anjou, seigneur de Mézières, mou-

[1] En effet, la mère de Louis XI était Marie d'Anjou, fille de Louis II, duc d'Anjou, et de Yolande d'Aragon, grand-père et grand'mère du testateur.

HARCOURT : *De gueules à deux fasces d'or*

MAILLÉ : *D'or à trois fasces ondées de gueules.*

NASSAU : *D'azur semé de billettes d'or, au lion du même, armé et lampassé de gueules.*

FORBIN : *D'or au chevron d'azur accompagné de trois têtes de léopard de sable, arrachées, languées et allumées de gueules.*

NEMOURS *De sinople à trois jumelles d'argent à la bordure engrêlée de gueules.*

ROHAN : *De gueules à neuf mâcles d'or.*

MARTIGUES : *De gueules à la croix d'argent.*

LA TRÉMOÏLLE : *D'or au chevron de gueules accompagné de trois aiglettes d'azur, becquées et membrées de gueules.*

rut en 1488. Il avait épousé le 26 novembre 1464 Anne de La Trémoïlle, fille de Louis Ier de La Trémoïlle, vicomte de Thouars, le « chevalier sans reproche » et de Marguerite d'Amboise[1].

PALATINAT DU RHIN : *De sable au lion contourné d'or, couronné de gueules.*

Il en eut deux enfants : 1° Renée d'Anjou, née à Mézières le 16 juin 1480, mariée par contrat du 25 janvier 1493 (elle n'avait que 12 ans) à François, vicomte de Rochechouart, dont elle eut une fille qui épousa Renaud, seigneur de La Tousche-Limousinière. De cette alliance naquit une fille, Marguerite de La Tousche-Limousinière, mariée à Antoine Le Bascle, seigneur de Puybascle et d'Argenteuil, élection de Tonnerre, dont sont sortis les marquis d'Argenteuil.

LUXEMBOURG : *D'argent au lion de gueules, la queue fourchée et passée en sautoir, armé, lampassé et couronné d'or.*

2° René d'Anjou, seigneur de Mézières, né au château de Mézières le 5 octobre 1483. Il prit part à l'expédition contre les Musulmans commandée par Philippe de Clèves, seigneur de Ravasteyn, se distingua au siège de Mételin, assista à la prise de Gênes et demeura longtemps chez les Suisses en otage des sommes que Louis de La Trémoïlle, son oncle, leur avait promises pour les retenir au service du roi. Il accompagnait François Ier en Provence lorsqu'il tomba malade à Avignon et y mourut, en 1521, laissant de son mariage avec Antoinette de Chabannes, dame de Saint-Fargeau, fille de Jean de Chabannes, comte de Dammartin, et de Suzanne de Bourbon-Roussillon, quatre enfants :

AMBOISE : *Palé d'or et de gueules de six pièces.*

THOUARS : *D'or semé de fleurs-de-lis d'azur, au franc-canton de gueules.*

1° Louis d'Anjou, abbé de Pont-Levoy ;

2° Françoise d'Anjou, qui épousa d'abord :

ROCHECHOUART : *Fascé, ondé d'argent et de gueules.*

[1] Devenue veuve, Anne de La Trémoïlle se remaria en 1490 avec Guillaume de Rochefort, seigneur de Pleuvant, chancelier de France, et en troisièmes noces, le 16 janvier 1494, avec Jacques de Rochechouart, seigneur de Charroux.

Philippe, seigneur de Boulainvilliers, puis, en secondes noces, Jean, sire de Rambures.

3° Renée d'Anjou, mariée premièrement à Hector de Bourbon, vicomte de Lavedan, et ensuite à Olivier Baraton, seigneur des Roches, Montgoger, etc., fils de François Baraton et d'Antoinette de Sainte-Maure.

4° Nicolas d'Anjou, né à Saint-Fargeau le 29 septembre 1518, créé chevalier des Ordres à Poissy le 18 septembre 1560, capitaine de cinquante hommes d'armes et gouverneur de l'Angoumois en 1568. Il obtint du roi François Ier l'érection en Comté de sa terre de Saint-Fargeau et de Charles IX, en 1567, celle de Mézières en Marquisat.

Orphelin dès son bas-âge, son père étant mort en 1521 et sa mère en 1527, il fut élevé par son oncle[1] François de La Trémoïlle, vicomte de Thouars, qui était son tuteur, et avec les fils duquel il habitait l'hôtel de Nevers lorsqu'il était

[1] François de La Trémoïlle, fils de Charles de La Trémoïlle, prince de Talmont, et de Louise de Coëtivy, avait épousé (23 février 1521) Anne de Montmorency-Laval, fille de Guy XVI, comte de Laval et de Charlotte d'Aragon, princesse de Tarente, unique héritière du dernier roi de Naples de la maison d'Aragon. C'est de ce mariage que datent les droits de la maison de La Trémoïlle sur le royaume de Naples, droits qu'elle tenta vainement de faire reconnaitre lors des Congrès de Munster, de Nimègue, de Ryswick, d'Utrecht et d'Aix-la-Chapelle. En souvenir de cette couronne perdue, les fils aînés des ducs de La Trémoïlle portent toujours le titre de prince de Tarente, protestation du vieux droit historique et féodal méconnu. Avant 1789, les La Trémoïlle avaient à la Cour le rang de « princes étrangers » et le titre d' « Altesse » que quatre maisons seules possédaient alors : Lorraine, La Tour d'Auvergne, Rohan et La Trémoïlle. Le duc de La Trémoïlle et de Thouars, prince de Talmont et de Tarente (quatre T), est le plus ancien Duc français, l'érection du duché de Thouars datant de 1563; mais le doyen des Pairs est le duc d'Uzès, dont la dignité remonte à 1572, tandis que le duc de La Trémoïlle ne siégea au Parlement comme pair de France qu'en 1596.

RABUTIN : *Écartelé : aux 1 et 4, cinq points d'argent équipollés à quatre d'azur ; aux 2 et 3, d'or à la croix de sable.*

SÉVIGNÉ : *Écartelé de sable et d'argent.*

LA TOUSCHE-LIMOUSINIERE : *D'or à trois tourteaux de gueules.*

LE BASCLE : *De gueules à trois mâcles d'argent, 2 et 1.*

ROCHEFORT : *D'azur semé de billettes d'or, au chef d'argent, chargé d'un lion léopardé de gueules.*

ANJOU-MÉZIÈRES : *D'azur semé de fleurs-de-lis d'or à la bordure de gueules,* (*qui est* ANJOU), *brisé d'une cotice d'argent périe en barre.*

à Paris. Celui-ci résolut bientôt de faire un gendre de son pupille en le fiançant avec sa fille Charlotte qui avait douze ans ; Nicolas en avait quinze.

CRUSSOL-UZÈS : *Écartelé : aux 1 et 4, fascé d'or et de sinople, (qui est* CRUSSOL ;) *aux 2 et 3 de gueules à trois bandes d'or, (qui est* UZÈS.)

Dans ce même logis de Nevers demeurait avec sa fille, nommée Gabrielle, une belle et noble dame de l'Angoumois, Catherine de Clermont, baronne de Mareuil, veuve de Guy, baron de Mareuil[1] et de Villebois[2], seigneur des Chasteliers, de Bousac, Vibrac et Augeac.

« J'ay veu, *dit Brantôme*, Madame de Mareuil-« Villebois en l'aage de cent ans aussi dispote, « fraiche et belle et saine qu'en l'aage de cin-« quante ans[3] ; ç'avait été une très belle femme « en sa jeune saison. Sa fille avait esté telle et « mourut ainsi, mais non si aagée de vingt ans, « et la taille lui appetissa un peu. Elle était tante « de Madame de Bourdeille, femme de mon « frère aisné... »

CLÈVES : *De gueules chargé d'un écusson d'argent à l'escarboucle d'or brochant.*

CHABANNES : *De gueules au lion d'hermine, armé, lampassé et couronné d'or.*

DAMMARTIN : *Fascé d'argent et d'azur, à la bordure de gueules.*

[1] Aujourd'hui Vieux-Mareuil, commune de l'arrondissement de Nontron. C'était l'une des quatre grandes baronnies du Périgord ; les trois autres étaient Beynac, Biron et Bourdeille. On sait qu'au nombre des prérogatives dont jouissaient ces quatre premiers barons, une de celles qu'ils tenaient le plus à honneur était le droit de porter leur évêque lors de sa première entrée dans sa ville épiscopale. — A la bataille de Bouvines, deux frères, Hugues et Jean de Mareuil, firent prisonnier Ferrand, comte de Flandre, qu'ils remirent au Roi, qui s'empressa de l'emmener en triomphe à Paris. « Nul « ne porroit dire, ne deviser la grant joye et lyesse « que ceulx de Paris firent au Roy Phelippe, leur « seigneur, après cette victoire, lequel emmenoit Fer-« nand, avecque luy en une litière que portoient deus « chevaus pommelés. Si crioit le peuple quand Fer-« rand passoit, par manière de gober et mocquer, que « deux ferrans [chevaux barbes] portoient Ferrand bien « enferré. » (*Chronique de Reims.*)

Philippe-Auguste, pour récompenser les deux vaillants chevaliers, leur fit don de la seigneurie de Villebois.

[2] Aujourd'hui Villebois-la-Valette, chef-lieu de canton de l'arrondissement d'Angoulême ; les autres terres citées étaient toutes également sises en Angoumois.

[3] *Vies des Dames Galantes*, 5e Discours.

Celle qui devait mourir encore belle à quatre-vingts ans était alors dans tout l'éclat de sa jeunesse et de sa beauté; elle en avait dix-huit. Fille unique, c'était en même temps une riche héritière; elle était appelée à recueillir plus de « dix mil livres de rente », revenu énorme à une époque où nous voyons le sire de La Trémoïlle et sa femme Anne de Laval constituer pour dot à une de leurs filles entrant à l'abbaye de Fontevraud une rente de « six vingts escus » (*Chartrier de Thouars*).

BOURBON-ROUSSILLON : *D'azur à trois fleurs-de-lis d'or, à la barre de sinople.*

CAUMONT-LAUZUN : *Tiercé en bande d'or, de gueules et d'azur.*

NICOLAS D'ANJOU, plus jeune de deux ans que sa belle voisine, ne tarda pas à s'enflammer et à oublier ses premières fiançailles; mais, prévoyant la colère du sire de La Trémoïlle et l'opposition qu'on ne manquerait pas d'apporter à ce nouveau projet de mariage, il résolut, d'accord avec sa future belle-mère, de brusquer le dénouement et de profiter de l'éloignement de son tuteur pour faire célébrer son union avec Gabrielle de Mareuil. Le contrat de mariage fut rédigé par deux notaires du Châtelet de Paris, Simon Chenu et Ambroise Evyn. On y lit entre autres clauses : « ... Le dit seigneur d'Anjou a donné et donne « par ces présentes à la dite damoyselle de « Mareuil, ce acceptant, au cas qu'il passe le premier de vie à trespas les terres et seigneuries « de Mézières et de Saincte-Nommoye[1]; et la « dite damoyselle, au cas qu'elle passe premièrement de vie à trespas, sans enffans du dit « mariage, a donné et donne au dit d'Anjou, ce « acceptant, la baronnie, terre et seigneurie de « Villeboys avec ses appartenances et deppendances... »

LA NAUVE : *D'azur à une nef d'or; au chef cousu de gueules, chargé de trois étoiles d'or.*

BOULAINVILLIERS : *Fascé d'argent et de gueules de huit pièces.*

RAMBURES : *De gueules à trois fasces d'or.*

BOURBON-LAVEDAN : *D'argent à la bande d'azur semée de fleurs de lis d'or et chargée d'un filet de gueules.*

[1] Canton de Saint-Maixent (Deux-Sèvres).

Le 19 décembre 1533, un prêtre nommé Sébastien Groult, célébra le mariage dans la chapelle de l'hôtel de Nevers en présence des deux notaires et d'un Procureur au Parlement, nommé Pierre de la Nauve « Ego Sebastianus Groult presbyter « Diocœsis Belvacensis certifico et notum facio « universis et singulis hac die XIX mensis « decembris anno Domini MDXXXIII assedisse « simul et ad invicem per verba de presenti « nobiles personas Nicolaum d'Anjou, dominum « de Mézières et Sancti Fargeau et domicellam « Gabriellem de Mareuil filiam defuncti Guido- « nis, dum viveret, baronis de Marolio et de Villa- « Bosio Presentibus : Domina Katarina de Cler- « mont domina de Pauzaco, matre dictæ Gabriel- « lis de Mareuil..., etc. »

BARATON : *D'or à la fasce fuselée de gueules accompagnée de trois croisettes recroisettées de sable, 2 en chef; 1 en pointe.*

SAINTE-MAURE : *D'argent à la fasce de gueules.*

CLERMONT : *De gueules à deux clefs d'argent passées en sautoir.*

Le sire de La Trémoïlle ne se laissa pas enlever aisément un gendre sur lequel il avait jeté son dévolu ; il intenta devant la Cour du Parlement de Paris un procès en annulation de ce mariage, pour cause de clandestinité et défaut de consentement du tuteur, lequel procès dura fort longtemps. On fit même intervenir un certain Jean de Barry, sieur de la Renauldie, qui vint du fond du Périgord déclarer sous serment devant les Conseillers du Parlement commis à cette affaire que « Gabrielle de Mareuil lui avait solennellement promis le mariage ». On a la note de ce qui lui fut alloué comme taxe pour les frais dudit voyage : il reçut « sept livres dix sols ». Pour une chevauchée d'au moins cent cinquante lieues, cela ne paraît vraiment pas exagéré.

MAREUIL : *De gueules au chef d'argent, au lion d'azur brochant sur le tout.*

VILLEBOIS : *D'azur à une ville fortifiée d'un donjon et de deux tourelles d'argent, maçonnée de sable, sommée d'un arbre issant du donjon et acompagnée en chef, à dextre d'une hure de sanglier et à senestre d'une abeille, le tout d'or.*

Il serait curieux de savoir si c'est ce même La Renauldie qui devait, quelques années plus tard, organiser la Conspiration d'Amboise et périr d'une façon si tragique. « Ayant pris des routes « plus écartées dans les bois, il avait évité les « embuscades; mais traversant la forêt de Châ- « teaurenaud il fut rencontré par le baron de « Pardaillan qui était son parent et qui courut « sur lui le pistolet au poing; ayant manqué de « faire feu, La Renauldie le tua roide de deux « furieux coups d'épée à travers le corps ; mais « dans le même moment, un page de Pardaillan « le blessa d'un coup d'arquebuse tiré à bout « portant; il eut cependant encore assez de force « pour tuer ce page de sa main avant que de « mourir. Son cadavre fut apporté dans Amboise « et attaché à une potence élevée au milieu du « pont avec un écriteau : La Renauldie, chef des « rebelles. » (Le P. Daniel.)

« La Popelinière et, après lui, d'autres histo- « riens l'appellent mal Godefroy de Barry; son « véritable nom était Jean de Barry, sieur de la « Renauldie, gentilhomme du pays de Périgord, « assez riche en biens et homme d'esprit, mais « un peu trop emporté et capable de tout entre- « prendre pour parvenir à une plus grande for- « tune. Il avait épousé Guillemette de Louvain « et eut d'elle Marie de Barry, qui espousa Pierre « de La Rochefoucauld, seigneur du Parc, d'Ar- « chiac et la Rigaudière, issu de la branche de « Bayers. » (*Mémoires de Castelnau.* Add. de « Le Laboureur.)

Je n'ai pu découvrir comment se termina le procès devant le Parlement; quoi qu'il en soit, le mariage fut renoué plus tard, puisqu'un nouveau contrat fut rédigé le 29 septembre 1541. Nicolas et Gabrielle furent remariés à neuf; ils vécurent heureux et eurent beaucoup d'enfants,

COËTIVY : *Fascé d'or et de sable.*

MONTMORENCY-LAVAL : *D'or à la croix de gueules, chargée de cinq coquilles d'argent cantonnée de seize alérions d'azur.*

BEYNAC : *Fascé d'or et de gueules de huit pièces.*

BIRON : *Écartelé d'or et de gueules.*

cinq tout au moins; un seul survécut, une fille nommée Renée, née le 21 octobre 1550. Gabrielle mourut en 1593, après avoir fait une fondation pieuse dans l'église de l'abbaye de la Trinité de Poitiers.

Le catalogue de la collection des portraits du château d'Eu en mentionne un de Gabrielle de Mareuil; et le P. Lelong (*Bibliothèque Historique de la France*) indique un portrait d'elle (gravé) dans la collection Fevret de Fontette; on doit donc le trouver à la Bibliothèque Nationale. Quant à la première fiancée de Nicolas d'Anjou, Charlotte de La Trémoïlle, elle entrait en 1537 au monastère de Fontevraud.

BOURDEILLE : *D'or à deux pattes de griffon de gueules, onglées d'azur, l'une sur l'autre.*

Poursuivons la descendance de Gabrielle de Mareuil de Villebois. Sa fille unique, Renée d'Anjou, titrée marquise de Mézières, comtesse de Saint-Fargeau, etc., épousa, le jour même où elle atteignait ses seize ans (21 octobre 1566), François de Bourbon, duc de Montpensier et de Châtelleraut, prince de Dombes[1], fils de Louis de Bourbon, duc de Montpensier, et de Jacqueline de Longwy. Elle mourut fort jeune, ne laissant qu'un fils, Henry de Bourbon, duc de Montpensier, etc., né au château de Mézières le 12 mai 1573, marié le 15 mai 1597 à Henriette-Catherine de Joyeuse, fille unique et héritière de Henry de

BARRY : (du Périgord) *D'argent à trois barres d'azur au chef d'or.*

[1] La sœur de ce duc de Montpensier commença la réputation équivoque des abbesses de Jouarre, que devait rappeler de nos jours le roman tristement célèbre de M. Renan.

En 1572, Charlotte de Bourbon, abbesse de Jouarre s'enfuyait de son monastère et se retirait à la Cour de Frédéric III, Electeur et Comte Palatin du Rhin. Elle se fit Huguenote, et le 12 juin 1574, elle troquait sa crosse contre un anneau de fiançailles avec Guillaume de Nassau, prince d'Orange (le Taciturne). Elle mourut à Anvers le 6 mai 1582.

Joyeuse, duc de Joyeuse, comte du Bouchage, et de Catherine Nogaret de La Valette, sœur du premier duc d'Épernon. Il mourut à trente-quatre ans, le 27 février 1608, ne laissant qu'une fille, Marie de Bourbon, duchesse de Montpensier, etc., qui épousa, le 6 août 1626, Gaston de France, duc d'Orléans, frère de Louis XIII, d'où Anne-Marie-Louise d'Orléans.

PARDAILLAN : *D'argent à trois fasces ondées d'azur.*

Il est donc parfaitement exact, *quod erat demonstrandum*, que Gabrielle de Villebois était l'arrière grand'mère de « Mademoiselle, la « Grande Mademoiselle, Mademoiselle fille de feu « Monsieur, Mademoiselle petite-fille de Henri IV, « Mademoiselle d'Eu (qui est la première et la « plus ancienne pairie du royaume), Mademoi- « selle de Dombes, Mademoiselle de Montpen- « sier, Mademoiselle d'Orléans, Mademoiselle « destinée au trône, etc. » (*Lettre de Madame de Sévigné à Madame de Grignan*, 15 décembre 1670.)

LA ROCHEFOUCAULD : *Burelé d'argent et d'azur à trois chevrons de gueules.*

Je possède dans ma bibliothèque une plaquette d'une extrême rareté et qui n'a été signalée par aucun bibliographe. Elle m'a été donnée de la façon la plus aimable par mon savant ami, Arthur de la Borderie, Membre de l'Institut et Président de notre Société des Bibliophiles Bretons, qui savait que ma mère était Villebois-Mareuil. Elle est intitulée :

BOURBON-MONTPENSIER : *D'azur à trois fleurs-de-lis d'or, à la cotice de gueules, brisée en chef d'un carreau d'or chargé d'un dauphin pâmé d'azur, cresté et oreillé d'argent (qui est du Dauphiné d'*AUVERGNE).

« Stances à la mémoire de Très-Haute et Très- « Illustre dame Gabrielle de Mareuil, marquise « de Mézières, baronne de Villebois, etc. « Ensemble quelques vers latins tant sur le « mesme sujet que sur le trespas de Monseigneur « le duc de Montpensier, dernier mort. A Rennes,

« chez Michel Logeroys, imprimeur du roy, « 1593. » Voici la description que M. de la Borderie en a donnée dans la *Revue de Bretagne*, d'après cet exemplaire, le seul connu : « In-4° de « 8 feuillets, non chiffrés, en 2 cahiers signés « A et B, 24 et 26 lignes à la page. Au-dessus « du nom de l'imprimeur est un fleuron où l'on « doit voir la marque de Michel Logeroys (omise « dans l'ouvrage de L. C. Silvestre, *Marques « typographiques*) : Un arbre qui ressemble un « peu au célèbre Olivier des Estienne, porte « appendu à une de ses branches un cartouche « où on lit : *Spes mea Deus*. Mais ce n'est pas « un olivier, qui en Bretagne n'eût eu aucun « sens; c'est un noyer, comme l'indique l'écureuil « assis la queue relevée jusqu'aux oreilles et cro- « quant à belles dents une noix tombée de l'arbre. « Pourquoi en 1593, au milieu des troubles de la « Ligue, des violences de la guerre civile, pour- « quoi, à Rennes, cette élégie sur Gabrielle de « Mareuil qui, quoique « très illustre dame » ne « semble avoir été nullement connue en Bre- « tagne? C'est qu'en 1593 Henri de Bourbon, « duc de Montpensier, prince de Dombes, était « gouverneur de Bretagne, et qu'il venait de « perdre cette année même sa grand'mère, « Gabrielle de Mareuil de Villebois. P. Joyeux, « l'auteur des stances, était probablement un « Rennais, à coup sûr un habitant de Rennes; « autrement pourquoi y eût-il fait imprimer sa « pièce [1]? »

LONGWY : *D'azur à la bande d'or.*

JOYEUSE : *Écartelé : aux 1 et 4, palé d'or et d'azur de six pièces au chef de gueules chargé de trois hydres d'or, qui est* JOYEUSE *(propre); aux 2 et 3 d'azur au lion d'argent à la bordure de gueules chargée de huit fleurs-de-lis d'or, (qui est* SAINT-DIDIER*); et sur le tout écartelé d'or et d'azur (qui est* BATARNAY*).*

[1] Les frères Sainte-Marthe le qualifient : « Médecin du Roy ». Parlant du duc de Montpensier, le gendre de Gabrielle : « Il mérita, disent-ils, les titres de « prince craignant Dieu, de fidèle serviteur de son roy « et amateur du bien de sa patrie, éloges et qualités que

En tout cas, ce n'était point un poète médiocre, il tourne fort bien les vers; son style simple et ferme n'a plus rien de l'école de Ronsard et appartient complètement à celle de Malherbe :

. . . .

Un filz [1], le seul espoir de toute la famille
Croissoit heureusement, et son âme gentille
Présageoit sa vertu par signes apparens.
Mais comme le beau lis dont la fleur blanchissante
Se perd avant le temps, et sèche languissante,
La Parque le ravit au sein de ses parens.

Deux filles [2] dont l'esprit, et le cors, et la face
N'estoit rien que bonté, douceur et bonne grâce;
Dont l'amour estoit jà des plus grands pourchassé,
Passent par la fureur de la mort violente.

. . . .

Son espous [3] jà chargé du fardeau de son aage,
Va trouver dans les cieux le repos souhaité.

Il ne luy restoit rien, de toute sa richesse,
Qu'un précieus joyau, ceste belle princesse [4]

« luy ont donné divers bons esprits de son temps, entre « autres Abel de Sainte-Marthe, notre frère aîné, qui fit « un élégant poème latin sur la mort de ce généreux « prince; elle fut encore déplorée par des stances que « publièrent Pierre Joyeux, médecin du Roy, et René « Bouchet, sieur d'Ambillou. »

[1] Nicolas d'Anjou, fils de Nicolas d'Anjou, marquis de Mézières et de Gabrielle de Mareuil, né le 9 février 1549, et mort jeune sans alliance, dit le P. Anselme.

[2] Antoinette, née le 16 août 1544; Jeanne, née le 12 décembre 1553. Mortes en bas âge.

[3] Ni le P. Anselme, ni les frères Sainte-Marthe ne donnent la date de la mort de Nicolas d'Anjou, le mari de Gabrielle; mais puisqu'on le dit : « chargé du fardeau de son âage » elle n'a pas dû précéder de beaucoup celle de sa femme, plus âgée que lui de deux ans.

[4] Renée d'Anjou, marquise de Mézières, etc., née le 21 octobre 1550, mariée le 21 octobre 1566 à François de Bourbon, duc de Montpensier.

NOGARET DE LA VALETTE : *D'argent au noyer de sinople, terrassé de même*

ORLÉANS : *D'azur à trois fleurs-de-lis d'or, au lambel d'argent de trois pendants.*

BOURBON-LA-ROCHE-SUR-YON : *D'azur à trois fleurs-de-lis d'or, à la cotice de gueules brisée en chef d'un croissant d'argent.*

CHEMILLÉ : *D'or à dix merlettes de gueules mises en orle, au franc - quartier du même chargé d'une fleur-de-lis d'or.*

LA HAYE-PASSAVANT : *D'or à deux fasces de gueules, accompagnées de neuf merlettes du même, mises en orle.*

MONTJEAN : *D'or fretté de gueules.*

Compagne de François, sang Roial de Bourbon,
Princesse qui monstroit sa céleste origine
En un cors tout parfait, en une âme divine,
N'aiant rien en ses meurs qui ne fust dous et bon.

Ceste alliance estoit, sur toutes honorable.
Une chose pourtant luy estoit déplorable
Voir leur couche stérile et vefve sa maison :
En cette affliction Dieu, père débonnaire
Comme las de frapper s'esmeut de sa misère,
De l'air de ses souspirs et de son oraison.

Il lui pleut à la fin que de ce mariage
Un enfant désiré luy demeurast pour gage [1],
Support de sa vieillesse et soulas de son deuil.
Ce n'estoit un enfant, c'estoit un petit Ange [2],
Portant, dessus le front, un gracieus mélange
Des maisons de Bourbon, d'Anjou et de Mareuil.

Mais las, comme au tems froid plein de nége et
[de glace,
Si de loing le soleil monstre sa claire face
Un nuage aussi tost dérobe sa lueur.
Ainsi tout le plaisir de l'heureuse naissance
De ce Prince nouveau, et sa première enfance,
Se trouvèrent troublez d'un funeste malheur.

Sa mère peu à peu d'une langueur mortelle
Voit flestrir son beau teint et sécher sa moelle :

CHOLET : *D'azur à la croix d'argent frettée de gueules.*

MONTESPEDON : *Écartelé au 1, de sable au lion d'argent armé et lampassé de gueules, (qui est* MONTESPEDON *propre) ; au 2 de gueules semé de fleurs-de-lis d'or, qui (est* CHATEAUBRIANT*) ; au 3 de gueules à trois fusées d'hermine posées en pal et six besans de même posés 3 en chef et 3 en pointe (qui est* DINAN*) ; au 4 d'or à deux fasces de gueules, à l'orle de neuf merlettes du même (qui est* LA HAYE-PASSAVANT*).*

MAULÉVRIER : *D'azur à un écusson d'or rempli d'argent en cœur, à l'orle de huit croisettes d'or.*

SCÉPEAUX : *Vairé, contre-vairé d'argent et de gueules.*

ANGIER DE CRAPADO : *De sable à trois fleurs de lis d'or.*

[1] Il y avait, en effet, sept ans que ses parents étaient mariés quand Henry de Bourbon-Montpensier vint au monde au château de Mézières, le 12 mai 1573.

[2] Ce « petit ange » fit aux Ligueurs Bretons une guerre acharnée pendant qu'il fut gouverneur de leur province. A la bataille de Dreux il fut si grièvement blessé que sa mort, qui n'eut lieu pourtant qu'en 1608, provint, disent les historiens, des suites de cette blessure ; un coup de mousquet lui avait fracturé la mâchoire et, durant les deux dernières années de sa vie, il ne vécut que de lait de femme. On ne dit pas si ce fut le médecin Pierre Joyeux qui lui conseilla ce traitement.

Avec lui s'éteignait cette illustre branche des Bourbon-Montpensier, issue de Robert de Clermont, sixième fils de saint Louis.

La fiebvre lentement la conduit au trespas [1].
Adieu belle Princesse, adieu perle du monde,
Tu te plais dans le Ciel, où le plaisir abonde,
Et mesprises la terre indigne de tes pas.

Nymphes de Bandiac, de Touvre et de Charante [2]
Vous plorastes sa mort; vostre âme souspirante
A sanglots murmurants s'escoula par vos yeux.
Vos Cygnes, dépitez de ceste grande perte,
Quittèrent aussi tost vostre rive déserte
Pour cercher leur maistresse et vivre en autres [lieux.

Depuis elle emploia le reste des années,
Qui jusqu'à quatre-vingtz lui furent ordonnées
Aux œuvres que de nous requiert la piété.

. . . .

Ny des troubles mutins la flamme trop éprise,
Ny de son Villebois la soudaine surprise [3],

LA MARZELIÈRE : *De sable à trois fleurs-de-lis d'argent.*

PORCON : *D'or à une fasce d'hermine accompagnée de trois fleurs-de-lis d'azur, 2 en chef, 1 en pointe.*

RIEUX : *D'azur à neuf besans d'or, 3, 3, 3.*

DU CHASTEL : *De gueules à la tour donjonnée d'argent, maçonnée de sable, surmontée d'un oiseau d'argent.*

BEAUPRÉAU : *D'or à la bande d'azur, écartelé d'azur à la bande d'or.*

[1] Nous avons ainsi la date exacte (1573) de la mort de Renée d'Anjou. Le P. Anselme se borne à dire « morte à la fleur de son âge ». Elle n'avait, en effet, que 22 ans.

[2] Rivières sur le bord desquelles étaient situées les seigneuries de l'Angoumois énumérées plus haut, appartenant à Gabrielle de Mareuil.

« A une petite distance en amont d'Angoulême, la « Charente aux eaux d'une pureté cristalline se double « du flot de la Touvre, rivière d'une dizaine de kilomètres « de longueur ; non moins curieuse par son apparition « soudaine, que la Sorgues de Vaucluse, ou le Timavo « de l'Istrie. Comme ces rivières du bassin de la Médi- « terranée, la Touvre est formée d'eaux qui s'en- « gouffrent dans les fissures des plateaux supérieurs, pour « surgir plus loin en jaillissements énormes... Le Ban- « diat, autre rivière issue de roches jurassiques, grandit « également dans son cours jusqu'aux calcaires fendillés « où des puisards naturels ouverts dans les falaises de « ses bords, des crevasses qui traversent les assises de « son lit, emportent vers l'ouest par des galeries souter- « raines toute la masse de ses eaux. » (Reclus. *Géogr. univers.*).

[3] Allusion à une prise du château de Villebois qui doit avoir eu lieu pendant les guerres civiles de la Ligue, mais dont je n'ai pu trouver mention chez les historiens que j'ai compulsés.

Le sac de ses sujets, ny ses pertes aussi,
Ne retirent du Ciel son cœur et son souci.
Au Ciel sont tous ses vœux, la terre luy est fange,
Au saint vouloir de Dieu tout son vouloir se range.

Jamais ne larmoia de pertes avenues.
Cependant, ô malheur, ces larmes retenuës
Coulantes flot sur flot de l'humide cerveau,
Firent dedans son ventre une grande rivière,
Qui esteignant du sang la chaleur nourrissière
Donna fin à sa vie et la mist au tombeau.

BUDOS : *Bandé d'or et de sinople.*

De la part d'un « médecin du Roy » ce diagnostic de la maladie dont mourut Gabrielle de Mareuil me paraît bizarre; je doute que de nos jours l'on enseigne dans nos Facultés cette théorie d'une « grande rivière dans le ventre coulant « flot sur flot de l'humide cerveau ».

GONDI : *D'or à deux masses d'armes de sable, passées en sautoir et liées de gueules.*

A la suite de cette élégie de Pierre Joyeux, on trouve une pièce de vers latins signés de Siméon Volant, intitulée : *De obitu Francisci Borbonii M. D. P. F. Illustriss. ac Potentiss. Principis Oda.*

ORLÉANS-LONGUEVILLE : *D'azur à trois fleurs-de-lis d'or, au lambel d'argent et au bâton péri en bande du même.*

François de Bourbon, duc de Montpensier, était neveu de Charles de Bourbon[1], prince de la Roche-sur-Yon, qui était devenu duc de Beaupréau par suite de son mariage avec Philippe de Montespedon, fille unique de Joachim de Montespedon baron de Chemillé et seigneur de Beaupréau, et de Jeanne de la Haye-Passavant sa

[1] Charles de Bourbon, prince de la Roche-sur-Yon, duc de Beaupréau « mourut à Beaupréau le sixième jour d'octobre 1565, estant aagé de 50 ans. Il gist dans l'abbaye de Bellefontaine, qui est proche de Beaupréau ». (Sainte Marthe.)

femme, veuve en premières noces du maréchal de Montjean, seigneur de Cholet.

Philippe de Montespedon, qui n'avait pas eu d'enfants de son mariage avec René de Montjean en donna deux au duc de Montpensier : une fille, Jeanne, qui mourut à neuf mois, et un fils Henry, dit le marquis de Beaupréau, qui périt à Orléans en 1560, à l'âge de quatorze ans « par un « misérable accident. Car ce jeune prince étant « armé et s'exerçant en un tournoi avec autres « seigneurs, il courut de si grandes roideur et « vitesse que son cheval tomba par terre et en « même temps un autre coursier sur lequel « estoit monté le comte de Maulévrier, le suivant « aussi à la course passa par-dessus lui et le « froissa de telle façon qu'il en perdit la vie. Ce « qui donna un triste sujet à Estienne de la « Boétie, conseiller en la Cour du Parlement de « Bourdeaux, personnage de singulière doctrine, « de faire cet épitaphe : *De Morte Henrici Borbonii Marchionis de Beaupreau.* »

Materiam lacrymis non dabit ulla dies Talem... (Voir dans Sainte-Marthe le reste de l'épitaphe.)

Philippe de Montespedon survécut à son mari et à son fils; elle mourut le 12 avril 1578. Brantôme dit qu'elle avait fait ériger dans le chœur de l'église de Beaupréau un mausolée en marbre, sur lequel se voyaient sa statue et celle de son mari avec des épitaphes en vers français Elle laissa ses grands biens à Guy de Scépeaux, qui devint seigneur de Beaupréau et de Chemillé. Il était son petit-neveu, comme issu de Louise de la Haye-Passavant, sœur de Bertrand de la Haye-Passavant, seigneur de Mallelièvre, bisaïeul

COSSÉ-BRISSAC : *De sable à trois fasces d'or denchées par le bas.*

RUELLAN : *D'argent au lion de sable, armé, lampassé et couronné d'or.*

MAUSSION DU JONCHERAY : *D'azur à une montagne d'or, surmontée d'un écusson d'argent chargé d'une tête de more de sable tortillée d'argent (qui est de* CORSE*). En vertu de Lettres-patentes de la République de Gênes du 6 mars 1759, les* MAUSSION DU JONCHERAY *ont le droit de joindre à leurs armoiries celles du royaume de* CORSE *comme descendant par les femmes des anciens rois de l'île.*

NEUFVILLE-VILLEROY : *D'azur au chevron d'or, accompagné de trois croix ancrées de même.*

maternel de la princesse de la Roche-sur-Yon.

SAINT-SIMON : *Aux 1 et 4, de sable à la croix d'argent chargée de cinq coquilles de gueules, (qui est* ROUVROY); *aux 2 et 3 échiqueté d'or et d'azur au chef d'azur chargé de trois fleurs-de-lis d'or, (qui est* VERMANDOIS).

Ce Guy de Scépeaux, qui était le deuxième du nom, avait épousé d'abord Mathurine Angier de Crapado, dont il n'eut pas d'enfants, puis, en 1555, Charlotte de la Marzelière, fille de Pierre, seigneur de la Marzelière et de Françoise de Porcon. Elle fit une fondation de deux messes dans l'église des Carmes d'Angers, le 21 mars 1605.

De ce mariage : Guy, troisième du nom, sire de Scépeaux, duc de Beaupréau, comte de Chemillé, qui épousa Marie de Rieux, fille de Guy de Rieux, baron d'Ancenis, seigneur de Châteauneuf et de Jeanne du Chastel. Il fut tué en 1597 à la tête d'un corps de troupes qu'il commandait pour le service du roi, ne laissant qu'une fille unique :

VERTHAMON : *Écartelé : au 1 de gueules au lion léopardé d'or; aux 2 et 3 cinq points d'or équipollés à quatre d'azur; au 4 de gueules plein.*

Jeanne de Scépeaux[1], duchesse de Beaupréau, comtesse de Chemillé, qui épousa : 1° Henry de Montmorency, fils du Connétable, et de Louise de Budos, celui-là même dont Richelieu fit tomber la tête sur l'échafaud à Toulouse, le 30 octobre 1632. Ce mariage n'ayant point été consommé, elle fut mariée le 15 mai 1610 à Henri de Gondi, duc de Retz, fils de Charles de Gondi, général des Galères, et d'Antoinette d'Orléans-Longueville; d'où Marguerite-Françoise de Gondi qui, en 1645, apporta en dot la terre de Beaupréau à Louis de Cossé, fils de François de Cossé, duc de Brissac, et de Guyonne Ruellan.

BÉCHAMEIL : *D'azur au chevron d'or accompagné de trois palmes du même.*

DUCHÉ : *D'azur à la grue d'argent au chef du même, à la bordure de gueules.*

ESPARBÈS DE LUSSAN : *D'argent à la fasce de gueules accompagnée de trois éperviers de sable.*

[1] Cette ancienne et illustre maison de Scépeaux, dont était le maréchal de Vieilleville, François de Scépeaux, en faveur duquel la châtellenie de Durtal fut érigée en Comté (octobre 1564) s'est éteinte de nos jours avec François, marquis de Scépeaux, mort il y a quelques années à Paris sans avoir été marié. Il ne reste plus de ce nom que sa sœur, Marie-Sidonie de Scépeaux, mariée à Raoul-Gabriel-Louis Maussion du Joncheray.

Ce fut au château de Beaupréau que le cardinal de Retz, évadé de sa prison de Nantes, vint demander à la châtelaine, qui était sa cousine et qu'il avait jadis voulu épouser, de le cacher pendant quelques jours.

En 1673, Albert-Henry de Cossé, duc de Brissac[1], céda Beaupréau à sa sœur Marguerite de Cossé, mariée au maréchal de Neufville, duc de Villeroy. Son fils le vendit en 1737 à Jacques de Scépeaux, Maréchal de camp et Lieutenant général des armées du roi. Cette belle seigneurie de Beaupréau, érigée en Comté dès 1316 par Louis-le-Hutin, en Marquisat en 1554, et en Duché-pairie par lettres-patentes de Charles IX (juin 1562) sortant de la ligne directe des héritiers de Philippe de Montespedon, perdit son titre de duché pour redevenir simple marquisat. De son mariage avec Élisabeth Duché de Passy, Jacques de Scépeaux laissa deux filles : Marie, dite Mademoiselle de Scépeaux, mariée par contrat du 23 octobre 1769 à Nicolas de la Tour d'Apchier, comte de la Tour d'Auvergne, et Élisabeth, dite Mademoiselle de Beaupréau, laquelle épousa, le 10 septembre 1773, Henri-Joseph d'Esparbès de Lussan, connu sous le nom de Maréchal d'Aubeterre, qui mourut en 1789 sans enfants. Au retour de l'émigration, la Maréchale revint habiter jusqu'à sa mort (22 février 1816) le château de Beaupréau, qu'elle laissa en héritage à sa

LA TOUR D'AUVERGNE D'APCHIER :

Aux 1 et 4, d'azur semé de fleurs-de-lis d'or, à une tour d'argent maçonnée de sable (qui est LA TOUR*); aux 2 et 3 d'or au château sommé de trois tourelles de gueules, celle du milieu plus élevée, coulissée et maçonnée de sable, les deux tourelles à dextre et à senestre sommées chacune d'une hache d'armes d'azur, le tranchant faisant face au flanc de l'écu (qui est d'*APCHIER*); sur le tout d'or au gonfanon de gueules frangé de sinople (qui est d'*AUVERGNE*).*

DURFORT-CIVRAC :

Aux 1 et 4 de gueules au lion d'argent (qui est LOMAGNE*); aux 2 et 3, d'argent à la bande d'azur (qui est* DURFORT*).*

[1] Henri-Albert de Cossé, quatrième duc de Brissac, marquis de Thouarcé, baron de Montjean, de Pouancé, de la Guerche, de Châteaugiron, etc., fut marié deux fois : le 17 avril 1663 à Gabrielle de Rouvroy de Saint-Simon, et le 20 juillet 1684 à Elisabeth de Verthamon. Il mourut sans enfants le 29 décembre 1698, et le duché-pairie de Brissac passa à son cousin-germain Arthur-Timoléon de Cossé, marié à Marie-Louise de Béchameil.

BLACAS : *D'argent à l'étoile à seize rais de gueules.*

nièce, Honorine de la Tour d'Auvergne d'Apchier, mariée à Alexandre-Émeric de Durfort-Civrac, second fils de Jean-Laurent de Durfort-Civrac, d'abord duc de Quintin, puis duc de Lorge, et d'Adelaïde-Philippine de Durfort-Lorge. Il appartient aujourd'hui à leur petite-fille Honorine de Durfort-Civrac, duchesse de Blacas d'Aulps.

Par suite de cette alliance avec le chef d'une des familles de Provence les plus illustres, et si singulièrement fidèle à sa belle devise, *Pro Deo, pro Rege*, Beaupréau, découronné depuis un siècle et demi de son titre de duché, a vu avec orgueil replacer la couronne de duchesse sur la tête de sa Très noble, Très gracieuse et Très honorée dame suzeraine.

Le sieur TREYSOUVILLE, feudiste.

(Extrait de la *Revue de l'Anjou*)

Angers, imp. Germain et G. Grassin. — 1172-93.

www.ingramcontent.com/pod-product-compliance
Ingram Content Group UK Ltd.
Pitfield, Milton Keynes, MK11 3LW, UK
UKHW012132240726
13965UKWH00005B/2139

9 782013 045506